마음에 고이 간직하고 싶은

우리들의 미라클 히어로

임영웅의 어록
필사노트

한 여자(어머니)를 지키는 영웅이가
이제는 여러분을 지키러 왔습니다.

_TV조선 〈내일은 미스터트롯〉 중에서

믿기지도 않고 말도 안 되지만

그날(결승 생방송 당일)이 저희 아버지 기일이었습니다.

엄마 혼자 남겨두고 미안하다고…

선물 준거라고 생각하겠습니다.

_TV조선 〈내일은 미스터트롯〉 우승 소감

팬들이 별이라면

그런 별들을 품은 우주 같은 사람이 되겠습니다.

_임영웅 유튜브 중에서

오롯이 우리 것이 아니다 생각하고

받은 만큼 우리가 항상 돌려 드린다는 생각으로

감사하게 살아야지.

_TV조선 〈미스터트롯의 맛〉에서

나이가 들면 감정이 좀 무뎌진다고 하잖아요.

일 그리고 이 바쁜 삶, 짊어져야만 하는 것들에 치여서

들판에 핀 꽃을 보아도 좀 무감각해진다고 합니다.

하지만 제가 여러분을 만났을 때 늘 설레는 것처럼

여러분도 이 설렘을 잊지 않으셨으면 합니다.

_TV조선 〈아임 히어로 임영웅 101〉 중에서

자꾸 부딪치는 벽에 좌절하지 않고 '넘어야지' '넘어야지'
하면서 저를 계속 괴롭히는 건 제 자신인 거 같아요.
어떻게 보면 그 정도의 스트레스는 스스로한테
건강한 스트레스 아닌가? 라고 생각할 정도로.
저에게 스트레스를 계속 주는 저 자신이 저에게 빌런이 아닌가.

_tvN 〈유 퀴즈 온 더 블럭〉 출연 당시

TV로만 보고 SNS로만 보던 공연장에서

내가 공연을 했다는 게 잘 믿기지 않았습니다.

'트루먼 쇼'가 아닌가? 내가 트루먼이 아닌가? 싶었어요.

_KBS 〈마이 리틀 히어로〉 중에서

나에게 있어서 영웅시대는 '전부'다.

제 삶 자체죠.

_영화 〈아임 히어로 더 파이널〉 중에서

여러분의 인생을 노래할 수 있어서

저는 너무 행복한 가수인 것 같습니다.

_영화 〈아임 히어로 더 파이널〉 중에서

왜 나를 좋아해주실까

울컥함을 참을 수 없을 때가 정말 많거든요.

_영화 〈아임 히어로 더 파이널〉 중에서

살면서 두 분께 받았던 사랑을

어떤 방식으로든 표현하고 싶어요.

사랑을 받으면 열 배로 돌려드리자는 게 저의 가치관입니다.

_KBS 〈마이 리틀 히어로〉 중에서 엄마와 할머니 선물을 사면서

안주하지 않겠습니다.

더 발전하고 성장하는 임영웅이 되겠습니다.

_2023년 콘서트에서

열심히 할게요.

당신도 누를 수 있도록

_임영웅 공식 유튜브 중에서

혼자서는 해낼 수 없었을

지금의 나를 만들어주신 여러분 보고 싶습니다.

나의 영웅시대.

_2024 임영웅 콘서트 〈아임 히어로 더 스타디움〉 티저 영상 중에서

빗속에서 부르니 더 기분이 좋아졌습니다.

하늘이 저를 위해 특수효과를 준 것 같습니다.

_2024 임영웅 콘서트 〈아임 히어로 더 스타디움〉 중에서

과연 영웅시대의 한계는 어디일지

앞으로도 더 큰 꿈을 펼쳐보겠습니다.

어디가 됐든, 여러분과 함께라면 겁나는 것이 없고,

신나게 즐길 수 있을 것 같습니다.

_2024 임영웅 콘서트 〈아임 히어로 더 스타디움〉 중에서

여러분 항상 감사드리고 여러분들이 존경스럽고,

항상 여러분들께 배우며 인생을 살고 있습니다.

여러분 너무 감사드립니다.

_임영웅 콘서트 〈IM HERO TOUR 2023 고양〉
스페이스 마지막 사연으로 자신의 엽서를 읽어준 후

저를 아껴주시고 사랑해주시는 많은 영웅시대의 따뜻하고

깊은 마음 그 안에 살고 있습니다.

온전히 그것으로 전 세상 가장 행복한 사람입니다.

저 그리고 제 노래도 여러분께 그런 존재가 되어드리고 싶어요.

이 노래를 들으실 때면 잠시 제게 기대어 편히 쉬어 주세요.

그런 바람을 담아 만들었습니다.

_'모래 알갱이'를 발표하면서 '멜론' 메시지

포기하고 싶었던 적은 없었던 것 같아요.

무대에서도 이야기하는데

'생생하게 꿈꾸면 이루어진다고 하잖아요'

언젠가는 내가 반드시 성공하리라는 확신이

속으로는 있었던 것 같아요.

_영화 〈아임 히어로 더 파이널〉 중에서

저는 끊임없이 말을 할 겁니다.

여러분들 건강검진 받으시라고 비공식 건강검진 홍보대사로.

그래야 저랑 오래오래 이렇게 같이 놀 수 있으니까요.

_임영웅 콘서트 〈IM HERO TOUR 2023 - 광주〉 중에서

신인 때는 사람들이 제 능력을

알아봐주기를 바랐지만 쉽지 않았어요.

어떻게든 살아남기 위해 전쟁 같은 시기를 보냈습니다.

그때는 비상구에서 연습을 많이 했어요.

사람들이 많은 장소에서 크게 노래하면 민폐가 될까봐

비상구 쪽에서 노래를 많이 했습니다.

_TV조선 〈아임 히어로 임영웅 101〉 중에서

사랑하는 우리 모두의 운명 같은 이야기와 시간을
음악으로 담았습니다.
사랑은 용기, 위로, 격려, 우정, 소망
아주 다양한 모습으로 우리 곁에 있습니다.

_'폴라로이드'를 발표하면서 팬들에게 전한 메시지

꿈을 포기하지 않고 갖고 있으면

언젠가 기회는 반드시 찾아온다고 생각합니다.

_JTBC 〈77억의 사랑〉 출연 당시

목이 쉬고도

얼마 동안 노래할 수 있는지 연습했습니다.

_톱스타 뉴스

'임영웅, 그의 우주를 세워가는 법… 별들의 전쟁이 남긴 후폭풍' 중에서

실제로 제가 사랑하는 이에게 혹은 사랑했던 이에게
보낸다는 마음으로 두 가지 엽서를 썼고
하나는 우체통에 넣고 하나는 마음에, 가슴속에 품고
노래를 할 예정입니다. 보고 싶어서 부치는 엽서,
보고 싶어도 부치지 못하는 엽서 두 가지 마음을 담아서
노래를 해보도록 하겠습니다.

_TV조선 〈내일은 미스터트롯〉 경연 당시 '보랏빛 엽서'를 부르면서

우리는 노래를 통해서

마음을 나누지 장르를 나누지 않습니다.

_임영웅 콘서트 〈IM HERO TOUR 2023 – 대전〉 중에서

기자님들,

팬 분들 얼굴 좀 보게

플래시를 터트리지 말아주시길 부탁드립니다.

_2020년 6월 16일 생일 밤 팬들 앞에서

어디서도 말한 적 없는 제 철칙은
'백 마디 말보다 한 가지 실천이 더 중요하다'는 것입니다.
상황을 모면하기 위해 여러 마디의 말로 포장하기보단
시간이 걸리더라도 행동으로 한 걸음, 한 걸음
여러분에게 다가가고 싶습니다.
느리더라도 천천히 함께 가고 싶습니다.

_2020년 6월 16일 생일 밤 팬카페에 남긴 글

앞만 보며 걸어가지 않겠습니다.

땅만 쳐다보며 욕심내지 않겠습니다.

_《신동아》기사

임영웅과 '영웅시대' "우린 늙어가는 게 아니라 조금씩 익어가는 중" 중에서

여러분만 떠나시지 않는다면
저는 언제든지 여러분 곁에 있겠습니다.

_《신동아》 기사
임영웅과 '영웅시대' "우린 늙어가는 게 아니라 조금씩 익어가는 중" 중에서

영웅시대가 있기에 저 임영웅이 있습니다.

_《신동아》 기사

임영웅과 '영웅시대' "우린 늙어가는 게 아니라 조금씩 익어가는 중" 중에서

한순간의 실수로 무너지지 않겠습니다.

늘 초심을 잃지 않겠습니다.

_《신동아》 기사

임영웅과 '영웅시대' "우린 늙어가는 게 아니라 조금씩 익어가는 중" 중에서

환경 및 정서적으로 힘들어하는 분들에게

힘이 되고자 노력하고 있는데,

순간 주변을 둘러보니 네가 보이더라.

네가 걸어가고 있는 길에 힘이 되어주고 싶다.

_백골부대 전우이자 부산장애인축구협회 이사를 맡고 있는 김동은 씨에게 전한 말

이 무대에 있으니까 여러분이 작고 반짝반짝 빛나는 별같이
보입니다. 별은 스스로 빛을 내는 행성이죠.
하지만 그 작아 보이는 별이 지구보다 109배 큰 태양과 맞먹는
다는 사실을 알고 계세요? 여러분의 작은 마음이 모여 큰마음을
이룬 것처럼 보이지만 사실 여러분 하나하나의 마음이 별처럼
태양처럼 커다란 마음들이었기에 지금 이 자리가 꽉 차 있습니다.

_2022년 콘서트 중에서

나는 세계 최고의 가수가 될 것이다.

_일기장에 쓴 글

                                      년   월   일

영원한 일등도 영원한 꼴찌도 없다는 걸 상기시키면서

최고가 되기보다는

모든 일에 최선을 다하는 자세를 갖도록 가르친다.

_좋은 아빠가 되기 위한 메모 기록 중에서

특히 이번 무대에서는 울지 않기 위해

열심히 연습하고 있어요.

_《코스모폴리탄》 인터뷰 중에서

더 큰 우주가 되어야겠습니다.

이 아름다운 별들을 다 품기에는 아직 제 우주가 모자랍니다.

저는 영웅시대 여러분이 계시는 한 계속해서 노래를 할 거니까요.

_TV조선 〈아임 히어로 임영웅 101〉 중에서